市政道路工程
路基设计及施工要点

成都兴城建设管理有限公司／组织编写

熊　欢　杨科炜　罗　晶／主　编

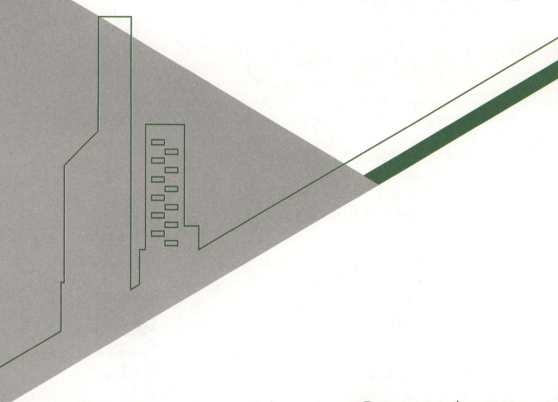

四川大学出版社

SICHUAN UNIVERSITY PRESS

图书在版编目（CIP）数据

市政道路工程路基设计及施工要点 / 熊欢，杨科炜，
罗晶主编 . — 成都：四川大学出版社，2023.11
　　ISBN 978-7-5690-6528-2

　　Ⅰ . ①市… Ⅱ . ①熊… ②杨… ③罗… Ⅲ . ①公路路
基－设计－四川②市政工程－道路施工－四川 Ⅳ .
① U416.1 ② U415

中国国家版本馆 CIP 数据核字（2023）第 253937 号

书　　名：市政道路工程路基设计及施工要点
　　　　　Shizheng Daolu Gongcheng Luji Sheji ji Shigong Yaodian
主　　编：熊　欢　杨科炜　罗　晶

选题策划：胡晓燕
责任编辑：胡晓燕
责任校对：王　睿
装帧设计：墨创文化
责任印制：王　炜

出版发行：四川大学出版社有限责任公司
　　　　　地址：成都市一环路南一段 24 号（610065）
　　　　　电话：（028）85408311（发行部）、85400276（总编室）
　　　　　电子邮箱：scupress@vip.163.com
　　　　　网址：https://press.scu.edu.cn
印前制作：四川胜翔数码印务设计有限公司
印刷装订：四川盛图彩色印刷有限公司

成品尺寸：170 mm×240 mm
印　　张：5.5
字　　数：69 千字

版　　次：2023 年 12 月 第 1 版
印　　次：2023 年 12 月 第 1 次印刷
定　　价：58.00 元

扫码获取数字资源

四川大学出版社
微信公众号

编写单位

组织编写单位

成都兴城建设管理有限公司

—

主要编写单位

上海市政工程设计研究总院（集团）有限公司

参与编写单位

北京场道市政工程集团有限公司

成都建工路桥建设有限公司

中国市政工程西南设计研究总院有限公司

中国市政工程西北设计研究院有限公司

四川省公路规划勘察设计研究院有限公司

成都市市政工程设计研究院有限公司

中国华西工程设计建设有限公司

（以上排名不分先后）

编委会

序

城市道路作为城市的生命线，承载着人民群众的幸福期盼，在我国经济社会发展、民生改善中起着重要作用。深度探索城市道路建设的核心要素，路基的坚实与稳固直接决定了城市道路的性能，是支撑城市道路生命线的关键。

路基看似普通却至关重要，它承载着道路、分散着交通荷载，是道路稳定、安全、耐用的基石。路基质量与道路的性能、使用寿命直接相关，关乎每一位市民的生活安全与出行便捷。在市政道路建设中，路基的设计与施工涉及精细的工序管理和技术要求，值得我们重视。

本书编写团队由从事市政道路设计工作几十年的设计专家及施工经验丰富的高级管理人员组成，书中每一个技术精要、每一处工程实例、每一项质量控制措施都凝聚着编者对市政道路建设的深厚理解，涵盖了路基设计必须遵循的技术要点及施工环节的关键要素。

　　站在城市建设高质量发展的关键节点上，市政道路路基建设更应追求高质量建设的目标。这一目标的实现需要紧扣设计施工技术要点、周密的工序管理和严格的质量控制。本书的出版，无疑为城市建设者提供了宝贵的启示和指导。

　　道虽迩，不行不至；事虽小，不为不成。城市发展进程如同巨浪般汹涌澎湃，其速度之快，前所未有。建设者要时刻谨记以技术创新为引领、以质量安全为核心，共同推动城市道路建设事业迈向新的高度。

　　　　　　　　　　成都兴城建设管理有限公司董事长

　　　　　　　　　　2023年11月

前　言

　　近年来，成都市陆续启动了未来公园社区建设项目。未来公园社区离不开便捷智慧的交通体系，而城市道路则是未来公园社区交通体系的基础骨架。掌握城市道路建设的关键环节及技术要点，有助于未来公园社区的高质量建设及典范化建造。

　　分析城市道路结构受力原理可知，路基作为路面的支撑结构，其设计、施工是道路建设的重要环节。路基的建设水平及质量，极大程度上决定着城市道路的安全性、舒适性、耐久性。本书汇编的路基技术要点，主要源于蜀都大道东一段项目建设。蜀都大道东一段是成都市的城市东西主轴线、大运赛事保障一级要道，也是成渝双城经济圈的交通联络道。项目建设过程标准、规范，施工过程严控质量。项目建成后，路基质量好、工后沉降小；通车两年后，各项指标运营良好，是受市民称赞的"十大幸福工程"。编者整理汇编了蜀都大道东一段路基建设中的技术要点，希望将这份坚持质量第一、社会效益优先的理念融入未来公园社区的道路建设。

　　本书内容包含路基工作区原理，一般路基填筑，台背、墙背、承台周边回填，填挖交界路基及陡坡路基，新旧路基搭接，新旧路面搭接，绿带回填，排水管道沟槽回填，雨期施工，共计9章，围绕影响路基承载力和稳定性的关键环节，进行简明扼要的技术要点分析，并非用作设计依据或计量依据。

编　者

2023年11月

目　录

第 1 章 >>>

路基工作区原理

在过去的十年中，随着科技的发展和人们对道路交通安全的重视，路基填筑设计和施工技术不断进步。在这一过程中，政府部门和相关研究机构不断提升路基设计理念并进行实践，使其更加科学、合理和实用。

在现代路基设计理念和实践中，对路床厚度、路基设计指标、控制标准与指标预估方法等方面都有详细规定。这些规定不仅有助于提高道路建设的质量和安全性，还能够有效地降低道路建设成本。汇编路基建设方面的新研究成果用以指导施工，不仅为道路建设提供了重要的理论依据，也为实际施工提供了有力的技术支持，让施工人员能够更好地掌握路基填筑技术，提高施工质量和效率。

1.1 路基工作区的概念

路基受力最关键的路基工作区部分是路基设计和施工的重点。相对路面来说，路基高度跨度很大，从深挖到高填，不同情况需要不同的施工控制指标。车辆荷载在路基中产生的附加应力，会随深度的增加而减小，因此，靠近上部的土基层位受到的附加应力较大，产生、累积的塑性变形也较大。控制好这个关键层位，也就控制住了路基的累积变形，该层位是控制整个路基累积塑性变形的关键层位。业内所谓路基工作区和路床压实区，就是指这一区域，对道路整体质量，特别是路基质量至关重要[1]。

《城市道路路基设计规范》（CJJ 194—2013）中规定，路床是指路面底面以下0.80 m范围内的路基部分，但并未提及路基工作区。业内通常把路基工作区定义为车轮荷载引起的垂直应力σ_z与路基自重引起的垂直应力σ_B相比所占比例为其1/10～1/5深度范围内的路基，此深度范围内路基承受着较大的车辆荷载，产生的累积塑性变形较大，控制该区域的施工质量至关重要。

1.2 路基工作区的影响因素

近十年来，相关领域专家学者对于作为路基填筑最重要控制区域的路基工作区有了更多新的认识。学者黄琴龙、郁晓君、李聪等通过研究计算，得出不同情况下路基工作区深度在1～2 m的范围[1]。一般来说，道路等级越高，承受交通荷载越大，对路基沉降的要求就越高，路基工作区深度就应选用较高的标准。路基工作区深度的影响因素主要包括车辆荷载的大小、路基回弹模量的大小、路面结构的类型。

1.2.1 车辆荷载对路基工作区深度的影响

依据弹性理论鲍辛尼斯（J.Baussinesq）公式，路基土体可假定为弹性半空间体，车辆荷载在路基中所产生的附加应力$\sigma_{动}$为：

$$\sigma_{动} = k\frac{P}{Z^2}$$

式中，k为经验系数，P为车辆荷载，Z为车辆荷载的作用深度。因此可以看出，在相同的车辆荷载作用深度情况下，车辆荷载越大，附加应力越大，路基工作区的深度也越深。当轴载达到200 kN时，路基工作区深度增加至标准轴载时的1.76倍（应力比为0.1）或2.38倍（应力比为0.2）；当轴载达到300 kN时，路基工作区深度增加至标准轴载时的2.32倍（应力比为0.1）或3.41倍（应力比为0.2）[2]，可见两者成正相关，且车辆超载与路基的使用寿命关系极大。

1.2.2 路面结构对路基工作区深度的影响

路面结构对路基工作区深度有一定影响。路面结构的强度和模量远高于路基土，路面材料的容重也不同于路基土。路面结构的存在，使车辆荷载传递到路基顶面的附加应力显著减小。在相同深度处（路基顶面），有路面结构时的附加应力仅为无路面结构时的20%～23%。在考虑路面结构的情况下，路面结构与一定厚度的路基共同承担车辆荷载。实验发现，路基回弹模量为40 MPa时，在标准轴载（100 kN）作用下，道路工作区深度与路面结构厚度成反比，二者基本成线性关系，增加路面结构厚度可以显著减小路基工作区深度[3]。

1.2.3 路基回弹模量对路基工作区深度的影响

路基回弹模量对路基工作区深度的影响程度相对较小，有分析证明，对于相同的路面结构和车辆轴载，当路基回弹模量由30 MPa增加至80 MPa时，路基工作区深度一般增加20～30 cm[3]。

1.2.4 关于路基工作区深度的一些思考

现有的路基工作区计算方法仅仅考虑了车辆静荷载对路基的影响，这与路基在实际使用时的工况并不完全吻合。相同情况下，车辆动荷载对基础变形的影响大于静荷载对基础变形的影响，同时车辆动荷载冲击路面会造成上部路基路面整体震动，促使路基累积塑性变形，破坏道路结构。对于车辆荷载而言，有学者研究发现，在其他条件相同的情况下动荷载对基础变形的影响大于静荷载对基础变形的影响。近年来的现场动力试验发现，路基内由试验卡车动荷载引起的竖向应力大约是其自身净重的4~5倍，车辆荷载的主要影响深度为路基以下6.0 m左右[1]。

实际上，行车带来的动荷载与车辆构造、路面性能、路表状况、行车速度等因素有关。在其他条件一定的情况下，路面不平顺是引起车辆振动并对路基产生动荷载的主要原因[4]。有工程试验论文对满载和超载试验车的动荷载结果作了分析比较：试验卡车对路面的动荷载作用基本随车速的提高而降低，试验卡车对路基所产生的动应力随着车速的提高而减小；而在相同的行驶速度下，超载比满载试验车所产生的动应力要大。这主要是由于车速提高使车辆对路面的作用时间相应地减少，导致动荷载与行车速度关系成类似反比的变化规律[1]。正确掌握这一规律对广大道路工程的参与者是非常重要的。正是基于这个原因，本书在阐述路基填筑要点时不仅包含路基工作区，也梳理了对路基工作区以下区域的填筑要点。

1.3 路基工作区的有关建议

随着我国道路轴载谱的不断变化及其对路基路面性能的显著影响，我国道路路基工作区深度明显大于0.8 m，这一点已开始被政府部门和规范编制单位注意到。在《公路路基设计规范》（JTG D30—2015）中提到，同济大学对我国40多种典型沥青路面结构的路基工作区深度进行了数值分析，表1-1为数值分析结果取95%累计频率对应的不同轴载路基工作区深度值。另外，通过公路试验实测单轴双轮100 kN标准轴载条件下沥青路面路基工作区深度为0.9~1.1 m（$\sigma_z/\sigma_c \leq 0.2$）或1.3~1.5 m（$\sigma_z/\sigma_c \leq 0.1$），三轴双轮130 kN超载条件下沥青路面路基工作区深度可达1.6~2.0 m（$\sigma_z/\sigma_c \leq 0.1$）[6]。

表1-1　不同轴载路基工作区深度值

轴型及其单轴轴载	不同确定标准对应的路基工作区深度（m）		
	$\sigma_z \leq 0.1$	$\sigma_z/\sigma_c \leq 0.2$	$\sigma_z/\sigma_{z0} \leq 0.25$
单轴双轮100 kN	1.3	0.9	1.9
三轴双轮130 kN	2.4	1.6	3.0

注：1. σ_z 为车辆荷载通过路面结构传递到路基中的竖向应力。

　　2. σ_c 为上覆结构自重引起的竖向应力。

　　3. σ_{z0} 为车辆荷载通过路面结构传递到路基顶面的竖向应力。

对比上述结果，表1-1所列数值分析与实测数据结论基本一致，可见实际路基工作区深度明显超过了路床（0.8 m）范围[6]。从上述数据变化可以看出，若只依托市政体系现行规范规定的指标，实际上已经与目前道路运行状况不相吻合，这对市政道路工程路基设计和施工提出了更高的要求。

因此，本书建议对于承受特重交通轴载、超载现象较为严重的快速路，重点关注深度在1.5~2.0 m范围以内的路基填筑质量；对于承受重交通轴载的城市主干路，重点关注深度在1.0~1.5 m范围以内的路基填筑质量；对于承受轻、中等交通轴载的道路，重点关注深度在0.8~1.0 m范围以内的路基填筑质量。综合考虑路基整体质量及可靠性，深度在6 m范围内的路基填筑质量也是路基设计及施工严格控制的部分。本书后续章节将分类分区阐述设计及施工的技术要点。

本章重点提示

路基工作区深度受车辆荷载的影响较大，对其深度范围内的填筑质量需要进行重点关注。

第 2 章 >>>

一般路基填筑

路基按照纵横断面上设计高度与原地面高度差值的不同，可分为填筑路基、开挖路基和半填半挖路基。根据相关规范定义，一般路基是指在工程地质和水文地质均良好的路段修筑的填方高度和挖方深度不大的路基[5]，在路基工程中最为常见。一般路基填筑质量对整个路基工程的质量起着至关重要的作用。

2.1 路基填筑要点

一般路基填筑应做到以下几点：

（1）路基必须稳定、均匀、密实，路基回弹模量值需满足设计和相关规范要求。由于工程条件的多变性，在实际施工中往往会出现不能满足设计或规范要求的情况，此时则需要采取相应措施提高土基强度，根据路床土质、土壤含水率、当地降水量、地下水类型及埋藏深度、路基材料等不同要素，经技术经济比选，采用外购合格填料、冲击碾压、加土壤改良剂改良、加强地下排水、土工合成材料加筋等措施。

（2）路基填筑材料的选用应因地制宜，首选级配较好的砂类土、砾类土、粗粒土作为路床填料。在有较好施工条件的区域，可合理采用挖方作为路基填料。在工程进度和周转条件具备的情况下，应优先选择挖方中符合要求的石方和土方作为填方路段填料，但需按照设计要求及施工规范对其解小压实。当采用不同填料填筑路基时，应分层填筑，不得混填；强度低的路基填料应填筑在路基下层；同类填料层总厚度不宜小于50 cm。《城市道路路基设计规范》（CJJ 194—2013）对不同等级路基土的最小强度及压实度提出了要求，详见表2-1。

表2-1 路基土最小强度及压实度要求

填挖分类	路面底面以下深度（m）	填料最小强度CBR值（%）			压实度（重型标准）（%）				填料最大粒径（mm）
		快速路主干路	次干路	支路	快速路	主干路	次干路	支路	
填方路基	0~0.30	8	6	5	≥96	≥95	≥94	≥92	100
	0.30~0.80	5	4	3	≥96	≥95	≥94	≥92	100
	0.80~1.50	4	3	3	≥94	≥93	≥92	≥91	150
	>1.50	3	2	2	≥93	≥92	≥91	≥90	150
零填及挖方路基	0~0.30	8	6	5	≥96	≥95	≥94	≥90	100
	0.30~0.80	5	4	3	≥94	≥93	—	—	100

　　强膨胀土、泥炭、淤泥、有机质土、冻土（及含冰的土）、易溶盐超过允许含量的土以及液限大于50%、塑性指数大于26的细粒土等，不得直接用于填筑路基。

　　若遇车辆超载情况较为严重，尤其是地块正在开发、重车较多的次干道及支路设计，经技术经济综合分析，可适当提高表2-1中的填料最小强度CBR值和压实度。

　　存放场内路基填料取样、路基填料现场取样、路基填料解小整平的现场操作分别如图2-1~图2-3所示。

图2-1 存放场内路基填料取样

图2-2 路基填料现场取样

图2-3 路基填料解小整平

（3）挖方路基应符合下列规定。

边坡有防护要求的必须强调边开挖、边防护，开挖一级、防护一级，不得掏底开挖、上下同时开挖、乱挖超挖。对有明确工艺工序施工要求的滑坡、顺层边坡、复杂高边坡及危岩体等工程防护，必须强调工艺、工序要求，明确安全管控措施。

为确保刷坡过程中设计边坡线外的土层不受到扰动，初次开挖时应在边坡线前应预留一定宽度，在刷坡时再进行开挖[6]。

开挖至零填、路堑路床部分后，应及时进行路床施工；如不能及时进行路床施工，宜在设计路床顶高程以上预留至少300 mm厚的保护层[6]。

拟用作路基填料的土方，应分类开挖并分类运输至填方区域或临时堆场，以免发生利用方的混填从而影响填筑质量。

（4）施工前应进行场地清理，清除地表杂物及植物根系等，场地的平整如图2-4所示。

图2-4　场地的平整

填方路基段应按照设计或规范要求对原地面进行表面清理并平整压实，具体按照地勘、设计文件确定。无论设计文件是否提及，建议填方路基在清表后检测承载力或验槽，以便设计、施工单位更好地掌握原始地面的承载力状况。

（5）路基施工过程中，应加强临时防排水措施，及时排出路基范围内的水，以免影响路基的强度和稳定性。填方路基应及时疏干斜坡上游来水与路基范围水形成的积水，避免雨水下渗或其对边坡的冲刷；挖方路基应提前拦截斜坡高侧的路基范围外来水，避免其冲刷边坡并排出汇水。市政道路实施时，如工期和实施条件允许，建议永久性排水设施如截水沟、改沟、改渠和涵洞等应提前进行施工，或者考虑建设永临结合的排水结构，以便在路基施工区内外形成完善的防排水系统。同时制定合理完善的临时防排水方案，并时刻关注天气预警，适当缩短雨期工作面，避免全线填筑、开挖和盲目赶工。图2-5为路基填筑过程中使用的临时排水措施。

图2-5　路基填筑过程中使用的临时排水措施

（6）填料的粒径、压实度和均匀性是影响路基填筑的关键因素，在施工时应严格按照相关技术要求执行，一般以方格网划线分区压实较为有效。对每一处路基均须分层摊铺、分层均匀碾压，路基土的强度、压实度必须满足设计及规范要求，并按照《城镇道路工程施工与质量验收规范》（CJJ 1—2008）的规定进行验收。路基各层压实度要求参考表2-1。路基土填筑时应按照设计和规范的要求确定分层厚度，并根据工程施工机具的实际情况，铺筑试验段加以验证。

路基方格网划线分层填筑、路基压实度现场试验、路基分层压实分别如图2-6~图2-8所示。

图2-6　路基方格网划线分层填筑

图2-7　路基压实度现场试验

图2-8　路基分层压实

（7）路基填筑时，应严格控制填料的含水率，其含水率与最佳含水率的偏差宜小于或等于2%。最佳含水率应通过试验室土工击实试验取得，并通过现场试验段加以验证。

（8）路基填筑，每层最大压实厚度宜不大于300 mm，顶面最后一层压实厚度应不小于100 mm[6]。非特殊情况，不建议增大每层压实厚度。

（9）填方路堤，填筑时应严格控制边坡坡率，填土侧坡余宽（不小于30 cm）及边坡坡率要留有余地，综合考虑压实机具、场地条件，使实际压实宽度不得小于设计宽度，最后削坡并及时进行边坡防护，以防雨水冲刷。

填土侧坡余宽填筑如图2-9所示。

图2-9　填土侧坡余宽填筑

（10）路基施工应尽量避开雨季，做到快速施工，并做好施工过程中的防排水措施，避免基床下沉、翻浆冒泡、路床积水及雨水冲沟等现象的发生。经雨水浸泡后的路基，未压实的应翻松晾晒到最佳含水率后再进行下一步工序；压实的应重新检验压实度并翻挖、晾晒、碾压，直至满足设计压实度。

图2-10为下雨时路基填筑停工现场。

图2-10　下雨时路基填筑停工现场

（11）路基施工前应仔细核查施工范围内新建构筑物（如管线等）的位置，明确施工工序，确保工序合理。挖方路段应在道路开挖至道路路基加强层底后再开挖排水沟槽；填方路段应在道路路基回填至管顶50 cm后，再反挖排水沟槽。

填方路段管线沟槽反挖施工如图2-11所示。

图2-11 填方路段管线沟槽反挖施工

（12）路基加强层所选用的砂砾石级配应满足表2-3的要求。同时，砂砾石的液限应小于28%，塑性指数应小于9。

表2-3 砂砾石级配要求

筛孔（mm）	53.000	37.500	9.500	4.750	0.600	0.075
通过筛孔的质量百分率（%）	100	80～100	40～100	25～85	8～45	0～15

地基换填处理和墙背回填采用的天然砂砾应质地坚硬，砾石颗粒中细长及扁平颗粒的占比不超过20%，级配可参考表2-3的要求执行。天然砂砾中不得含有草根、垃圾等杂物，碎石最大粒径不宜大于50 mm，含泥量应不大于5%。

随着近年来环保要求的提高，加之市场上天然砂砾的质量不断降低（主要是含泥量偏高），如项目实施过程中无法采购到满足上述要求的砂砾石，则应果断改用级配碎石、破碎后的中风化岩等同性能材料，以免出现"加强层不加强"的情况。

砂砾石回填如图2-12所示。

图2-12　砂砾石回填

墙背回填砂砾石如图2-13所示。

图2-13　墙背回填砂砾石

2.2 路基碾压

我国现行的路基压实标准制定于20世纪80年代，这在当时交通量低、车辆载重不大的情况下是能够满足道路使用要求的。我国于1982年开始确定使用重型击实标准时，压实机械还都是静力压路机和小吨位的振动压路机[7]。随着科技的进步和人们对道路建设质量的重视，压实机具的吨位和压实功能都取得了长足的发展，大吨位压路机的普遍使用对改善路基的施工质量、提高碾压效果起到了明显的推动作用，使路基压实度有了可靠的保障，施工效率也得到极大提高。

在碾压路基时，压实度随着压实遍数的增加，即随着压实功的增加而增加，近似直线上升。理论上压实度会随着压实遍数的增加而增加，但碾压到一定遍数后，虽然碾压遍数在增加，但压实度没有增加反而会下降。这是由于在实际施工中，受现场实际条件的限制，如果碾压遍数过多可能会导致路基土中含水量损失，结果碾压到一定遍数后继续增加碾压遍数，不但没有起到增加路基土压实的效果，反而会因为压实功的增加把路基土已经形成的压实效果破坏并重新组合，导致压实度降低[4]。因此在施工过程中要合理地选择压实机具、机械组合、压实遍数以及作业方式等，使压实达到最佳效果。在路基碾压工作开始前，通过试验段确定适合的碾压机具及施工工艺是十分必要的。

本章重点提示

控制路基填料及级配达标，分区分层压实并做好路基防排水措施，是保障一般路基填筑质量的关键环节。

第 3 章 >>>

台背、墙背、承台周边回填

由于填筑材料、回填工艺等问题，桥涵台背、挡土墙墙背等部位容易出现病害，因此需重点关注其填筑材料、压实度、施工工艺等。

3.1 桥台（含人行通道）台背回填

3.1.1 填筑要求

（1）台背过渡段在桥台与路基连接处，过渡段宜采用砂砾石等透水性好、易密实的材料填筑，砂砾石填料粒径宜小于100 mm，并严格控制含泥量不大于5%、压实度不小于96%。

（2）台背回填时应做好临时防排水措施，避免地表积水、渗水滞留，填料含水率应按设计要求的最佳含水率进行控制，并做到分层压实。

台背回填砂砾石如图3-1所示。

图3-1　台背回填砂砾石

（3）台背过渡段的路床深度范围内，应至少设置3层双向土工格栅，土工格栅的极限抗拉强度≥50 kN/m，2%伸长率时的抗拉强度≥20 kN/m。相邻两幅加筋材料应相互搭接，宽度不小于20 cm，并将其牢固连接，连接强度不宜低于土工格栅强度的60%。施工时应注意保护土工格栅，避免机械等对土工格栅造成位移、损伤。土工格栅周边填料的最大粒径宜在满足规范路基、路床填料粒径要求的基础上，距格栅层8 cm以内保证不出现粒径大于6 cm的填料，以免在碾压时损坏格栅。

土工格栅铺筑如图3-2所示。

图3-2　土工格栅铺筑

（4）基坑回填时，相应结构物强度应达到设计要求强度比值且大于设计强度的75%，完成隐蔽工程验收后方可进行。基坑回填应分层填筑并压实，分层厚度不宜大于150 mm，并应压（夯）实到设计要求的压实度。台背1.0 m范围内回填宜采用小型机具压实，以免损伤构筑物。特别狭窄区域可考虑采用低标号混凝土、泡沫混凝土回填。

台阶法填筑如图3-3所示，分层碾压密实如图3-4所示。

图3-3　台阶法填筑

图3-4　分层碾压密实

（5）台背与路堤间的回填施工应符合以下规定。

1）台背与路堤间的回填，应按设计规范及要求设置台阶。

2）台背回填部分的路床应与路堤路床同步填筑，最大限度避免沉降差。

3）桥梁台背和锥坡的回填施工宜同步进行，一次填足并保证压实整修后能达到设计宽度的要求。

4）当桥台位于软基路段时，台背填筑的软基处理应结合桥台软基进行。

台背搭接回填如图3-5所示。

图3-5 台背搭接回填

（6）薄壁桥台台后砂砾石填料的底部处理长度为3 m，上部处理长度为3+2H，其中H是砂砾石填料回填高度［见图3-6（a）］。

（7）肋式桥台先施工承台和肋板，然后填土至台帽底，采用机械压实，最后再进行台帽的施工［见图3-6（b）］。

（8）桩柱式桥台先填土，采用机械压实后才能钻桩，然后进行台帽施工［见图3-6（c）］。肋式桥台与桩柱式桥台仅需在台帽后回填砂砾石。

（9）座板式桥台的回填可参照桩柱式桥台的回填方式实施，挡土式桥台的回填可参照薄壁桥台的回填方式实施。

薄壁桥台台后路基处理横断面示意图如图3-6（d）所示，肋式桥台、桩柱式桥台台后路基处理横断面示意图如图3-6（e）所示。

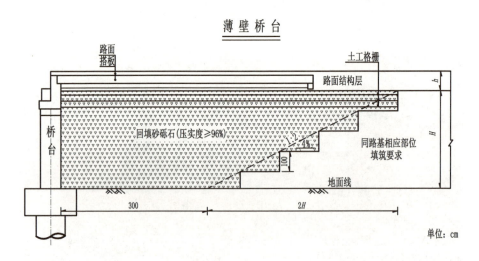

（a）

肋 式 桥 台

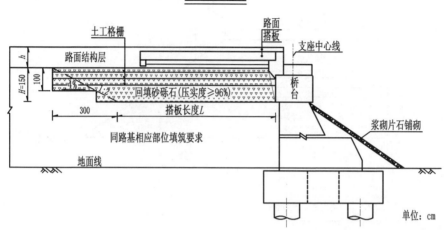

（b）

桩柱式桥台

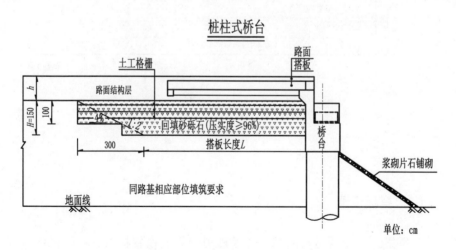

（c）

肋式桥台、桩柱式桥台台后路基处理横断面示意图

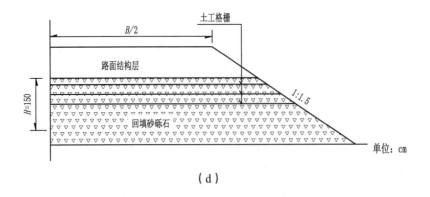

（d）

薄壁桥台台后路基处理横断面示意图

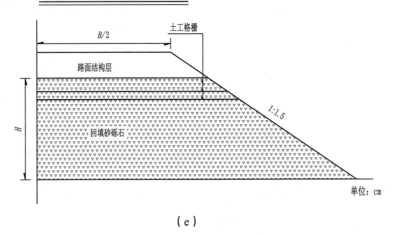

（e）

图3-6 桥台台背填筑

3.1.2 搭板设置

桥梁、人行通道与路基交界处地道交界处设置搭板，可降低错台沉降风险。

搭板设置技术要点如下（见图3-7）：

（1）桥梁、人行通道与路基交界处，车行道区域应设置搭板，常见规格厚为30 cm、混凝土强度为C35的钢筋混凝土板，长6～8 m。

（2）沥青混凝土路面与桥头搭板相接时，其间应设置3 m长的过渡板。过渡板可采用成阶梯状C30混凝土浇筑。为防止路面产生反射裂缝，应在现浇过渡板上及上、中面层间铺设一层土工布。

（3）过渡板与桥头搭板相接处的接缝内设置HRB400螺纹钢筋拉杆（建议尺寸为直径25 mm、长70 cm），钢筋中部10 cm涂刷防锈漆。拉杆设置间距40 cm，最外侧一根拉杆距板边不小于10 cm。

（4）过渡板在板宽8 m处设置纵缝，纵缝内设置HRB400螺纹钢筋拉杆（建议尺寸为直径16 mm、长80 cm），钢筋中部10 cm涂刷防锈漆。拉杆设置间距90 cm，最外侧一根拉杆距板边不小于10 cm。

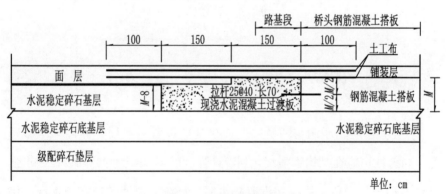

图3-7　搭板设置示意图

搭板施工如图3-8所示。

图3-8　搭板施工

3.2　涵洞台背回填

（1）通道、涵洞与两侧路基连接处应设置过渡段，涵侧回填砂砾石。台背回填应在结构物强度达到设计强度的75%以上并达到设计要求强度比值后方可进行；主结构设有防水层，涵洞两侧回填应在防水层的保护层完成且保护层砌筑砂浆强度达到3 MPa后方可进行。

填料粒径宜小于50 mm。回填料应分层压实，分层压实厚度宜不大于150 mm，压实度不小于96%，同时应严格控制回填砂砾石的含泥量不大于5%[6]。

（2）涵侧回填范围：矩形盖板涵回填处理到盖板顶部，圆管涵回填处理至管顶以上0.5 m；沿涵洞轴线方向填至涵端。盖板涵两侧5 m范围，采用液压式夯实机进行补压。

（3）涵侧回填结束后，涵洞结构强度满足设计要求强度后，应尽快进行涵顶路基填料的回填，要求回填至原有预压标高。对涵顶50 cm范围内进行回填时，严禁采用重型机械压实。

（4）台背回填时，应特别注意施工顺序、施工方法，宜采用荷重平衡法及慢速填筑的方式进行。回填时两侧应对称进行，高差不超过300 mm。填筑时应随时监测涵端的位移情况，避免发生错位推移。

图3-9为盖板涵台背路基处理设计图。

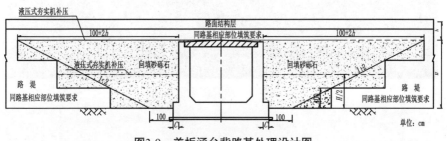

图3-9　盖板涵台背路基处理设计图

图3-10为圆管涵台背路基处理设计图。

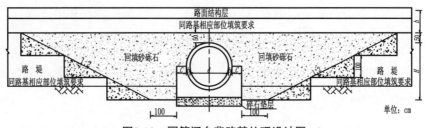

图3-10　圆管涵台背路基处理设计图

涵洞台背回填如图3-11所示。

图3-11　涵洞台背回填

3.3　挡土墙墙背回填

（1）若以透水性好的砂砾石填筑，应保证填料内摩擦角的要求，填料粒径必须满足路基设计、施工规范要求。填料需分层压实，每层厚度不宜大于150 mm，回填填料粒径宜小于50 mm，压实度应不低于96%。回填须和挖填方路基有效搭接。

（2）当墙体混凝土强度达到设计强度的75%以上时，方可进行墙后回填，回填料应选择砂砾石，要求分层填筑并夯实。墙后1.0 m范围内不得有大型机械行驶或作业，可采用小型机具压实。同时，应确保构造物的安全和墙背压实度要求。

图3-12为衡重式挡土墙墙背回填示意图。

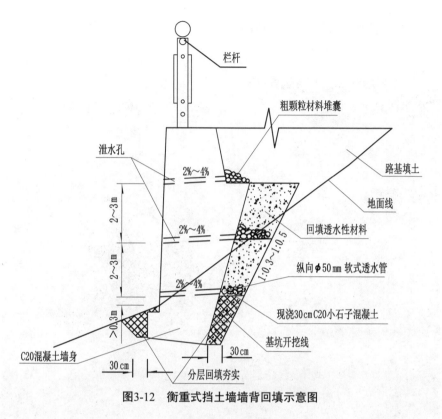

图3-12 衡重式挡土墙墙背回填示意图

图3-13为悬臂式及扶臂式挡土墙回填示意图。

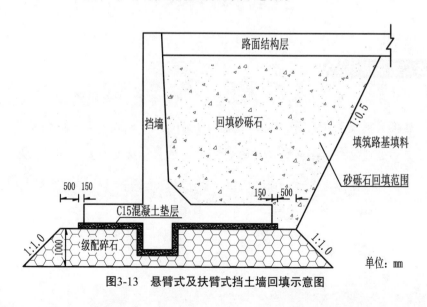

图3-13 悬臂式及扶臂式挡土墙回填示意图

挡土墙墙背回填如图3-14所示。

图3-14　挡土墙墙背回填

本章重点提示

　　台背、墙背及承台周边回填工作面小、压实要求高，结构物与路基刚度差异显著，易发生不均匀沉降。承台周边与道路合理分区、设过渡段，恰当地选择填料、夯实工艺、防裂材料，并严控压实成果检验，是保障台背、墙背、承台周边填筑质量的重要环节。

第 4 章 >>>

填挖交界路基及陡坡路基

4.1　横向填挖交界处

对于横向填挖交界处的路基，也就是俗称的"半填半挖"路基，填方区和挖方区均应满足相关规范中关于一般路基填筑的技术要求，土质挖方区宜采用透水性材料填筑，石质挖方区宜采用填石路堤。

填筑时，一般从低处往高处分层摊铺碾压，填、挖交接处应碾压密实，并保证无拼痕。当原地表坡度小于1∶5时，原地表清表后可分层填筑；当原地表坡度介于1∶5～1∶2.5之间时，应开挖宽度不小于2 m并向内倾斜4%的台阶后填筑；当原地表坡度大于1∶2.5时，应按照设计要求开挖台阶，同时在填挖交界处路床范围内铺设3层双向拉伸土工格栅。

横向填挖交界路段应特别关注地表水、地下水的截排水设置。这是由于挖方段开挖后附近的地下径流变化或地表汇流截断，可能会有渗流水、潜流水侵蚀路基，影响路基填土含水量，导致道路投入使用后发生不均匀沉降。对于填方区地表径流或低点汇流因路堤填筑切断的，需按设计方案贯通并在建设期采取相应的排水措施，切勿盲目断流；有地下水位出露的，须采用碎石盲沟或渗沟将水引出路堤范围。

横向填挖交界施工如图4-1所示。

图4-1 横向填挖交界施工

横向填挖交界设计图如图4-2所示。

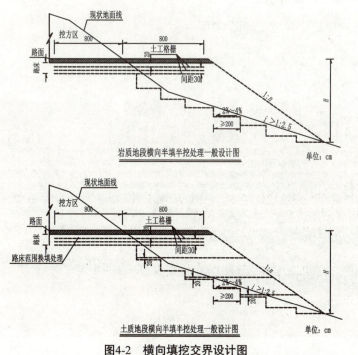

图4-2 横向填挖交界设计图

4.2 纵向填挖交界处

当原地表坡度小于1∶5时，对原地表清表并完成不良地基处理后可进行分区、分层填筑。当原地表坡度为1∶5～1∶2.5时，原地面应开挖台阶，台阶宽度不小于2 m并向内倾斜4%。当原地表坡度大于1∶2.5时，纵向填挖交界处应设过渡段。一般情况下过渡段在挖方路基一侧的宽度为8～10 m，在填方一侧的宽度为15～20 m，挖方一侧超挖深度与坡差相等或为2 m。

超挖回填路基材料可选级配良好的砾类土、砂类土，压实度按所在分区压实度控制。为减少填挖交界处路基出现不均匀沉降，除按设计和规范要求设置纵向台阶、超挖外，还应在路床内铺设3层双向拉伸土工格栅和30 cm厚的砂砾垫层。

纵向填挖交界施工如图4-3所示。

图4-3　纵向填挖交界施工

纵向填挖交界设计图如图4-4所示。

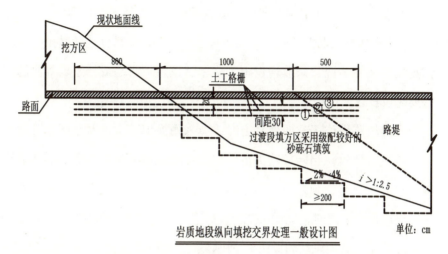

岩质地段纵向填挖交界处理一般设计图

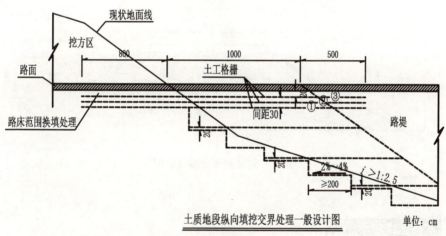

土质地段纵向填挖交界处理一般设计图

图4-4 纵向填挖交界设计图

4.3 陡（斜）坡路堤加固

陡（斜）坡路堤的路基易产生不均匀沉降以及侧向滑移，为减少上述病害的发生，可采取以下措施：

（1）对于地表横坡缓于1：2.5的路段，无需做特殊处理，按照一般路基的设计和规范要求实施即可，填筑困难时可按需增设护脚墙。

（2）对于地表横坡陡于1：2.5的路段，应在软基处理的基础上，根据现场的实际情况，采取增设土工格栅、设置护脚墙或挡土墙等措施，必要时可设置反压护道。

当陡坡路堤位于软弱地基上时，应采用换填等方法对软弱地基做处置，再进行填筑。当陡坡路堤范围内有泉眼、地下水出露等可能造成路堤软化的情况时，须采取盲沟、渗沟等排水措施。路堤填筑切断原有地表径流或低点汇流时，须增设边沟等排水措施，避免出现断流的情况。

陡坡路堤处理设计图如图4-5所示。

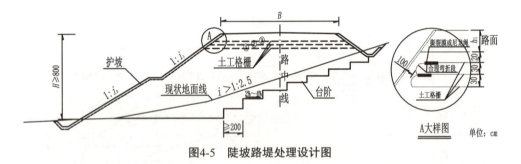

图4-5　陡坡路堤处理设计图

本章重点提示

　　挖填交界处因土体强度不同或渗流水等，易发生不均匀沉降。严控合格填料、台阶法开挖、分层夯实、截排水通畅以及土工合成材料加筋等工艺环节，是保障挖填交界处填筑质量的关键。当挖填高差大于6 m或软基厚度大于6 m时，建议编制专项设计及施工方案。

第 5 章 >>>

新旧路基搭接

道路改扩建时，新建道路路基与现状道路路基搭接，应按以下要求实施。

（1）路基施工时，应先根据填土高度确定最底层台阶的高度和具体位置，然后自下而上、逐层开挖。老路堤坡脚向上开挖，开挖一阶及时填筑一阶。台阶高度应不大于1.0 m，宽度应不小于1.0 m；台阶需设置内倾3%的横坡。

新建道路路基与现状道路路基搭接开挖台阶如图5-1所示。

图5-1　新建道路路基与现状道路路基搭接开挖台阶

（2）如既有路堤存在排水沟、隔离栅等附属设施，应在道路拓宽施工前先行拆除。堤坡面要清除的法向厚度应不小于0.3 m，拓宽部分基底清除原地表土的厚度应不小于0.5 m，清理后的场地应进行平整并压实。

（3）如既有路堤存在防护工程，上边坡的原有防护工程宜在路基开挖时同步拆除，以便更好地确保新老路基的结合；拆除时下边坡的防护工程应提前做好施工措施，保证既有路堤的稳定性，必要时可采用临时支护措施。既有路堤的护脚挡土墙及抗滑桩可不拆除。路肩式挡土墙路基拼接时，上部支挡结构物应予以拆除，宜拆除至路床底面以下[6]。

拆除原构筑物如图5-2所示。

图5-2　拆除原构筑物

（4）既有路基有包边土时，为保证新老路堤的紧密结合，宜去除既有路基边土后再进行拼接。

（5）因条件限制，当局部现状道路侧设置有挡土墙时，填筑新建道路路基时，挡土墙面坡侧应按台背回填要求实施。

（6）路基开挖搭接台阶，当局部路基稳定受到影响过大时，可考虑封闭现状道路部分或全部车道。

（7）当路基的搭接宽度小于0.75 m时，由于工作面过于狭窄，无法保证密实度等指标，可经技术经济论证后，采取超宽填筑再削坡、翻挖既有路堤等措施确保搭接质量。

（8）土工格栅应从台阶内缘铺设至加宽路基边坡处。土工格栅应张拉均匀并采用φ8钢筋制作的U形钢钉来固定[8]。当土工格栅为双向土工格栅，极限时抗拉强度≥50 kN/m，2%伸长率时抗拉强度≥20 kN/m。搭接长度应不小于0.1 m，并用铁丝绑扎。

（9）土工格栅上、下侧填料的最大粒径均应符合规范规定的路床、路堤范围的填料粒径要求，且距格栅层8 cm范围内的填料粒径不得大于6 cm。

新旧路基搭接设计立面图如图5-3所示。

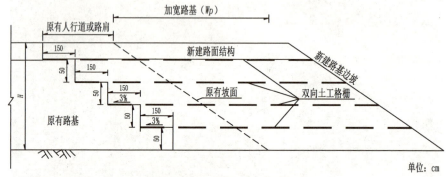

图5-3　新旧路基搭接设计立面图

新旧路基搭接设计平面图如图5-4所示。

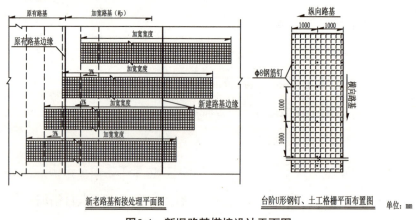

图5-4　新旧路基搭接设计平面图

铺设土工格栅如图5-5所示。

图5-5　铺设土工格栅

U形钢钉固定如图5-6所示。

图5-6　U形钢钉固定

新路基回填如图5-7所示。

图5-7　新路基回填

本章重点提示

　　新旧路基搭接应严格按照台阶法开挖、分层搭接压实，土工格栅应搭接充分并整平固定，这些都是保障新旧路基搭接质量的重要环节。

第 6 章 >>>

新旧路面搭接

新旧路基搭接会影响路面呈现效果，而新旧路面搭接的工艺控制对新旧路基搭接作用的有效发挥，也有着决定性的影响。一方面，路面搭接技术参数与路基搭接相关参数密切相关；另一方面，在新建道路与既有道路相交时，纵横向交界处的路面部分搭接处理可以减少路面裂缝的发生，保证路面质量与路基结构的使用寿命。

6.1　衔接位置

（1）当车行道和人行道进行全断面施工时，车行道和人行道的新旧路面衔接宜设于同一断面。

（2）当城市道路新旧路面衔接在交叉口时，应依次遵循"次要道路退让主要道路""品质较低道路退让品质较高道路""老旧道路退让新建道路"的原则。接缝位置原则上设置于退让道路弧线段与直线段交界处。

6.2　旧路面切割要求

（1）沥青面层应采用切割机垂直切割，切缝应整齐，深度应根据对应结构层的厚度，且深度不小于30 mm。

（2）混凝土面层采用切割机垂直切割，切缝应整齐，无损伤碎片，深度应与混凝土面板厚度相同。

（3）人行道现浇类面层采用切割机垂直切割，切缝应整齐，四周无损伤，深度应与现浇类面层厚度相同。

现状路面切割如图6-1所示。

图6-1　现状路面切割

6.3　新旧路面搭接要求

（1）在沥青路面接缝处施工时必须做到接缝紧密、连接平顺，不得有明显的接缝离析。

（2）在进行新旧路面搭接时，应将路面基层、垫层挖成台阶形，台阶高度宜为一层材料的压实厚度[9]，台阶底面应稍向内倾斜。

（3）沥青面层的各层横向接缝均应错开1 m以上，接缝应保持干净[10]，表面应涂刷粘层油，表面层横向接缝应采用垂直的平接缝[11]；纵向接缝宜采用热接缝，上、下层的纵向接缝应错开15 cm以上，表面层的纵向接缝应顺直[12]。

搭接部位开挖台阶如图6-2所示。

图6-2　搭接部位开挖台阶

（4）当沥青路面下面层平整度较差时，宜悬挂钢丝绳作为基准线；当中面层或下面层平整度较好时，宜采用浮动基准梁找平；当铺筑沥青玛蹄脂（SMA）混合料上面层时，宜采用非接触式平衡梁控制平整度。

沥青路面与沥青路面衔接横向接缝设计图如图6-3所示。

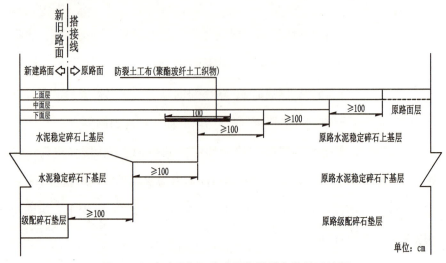

图6-3　沥青路面与沥青路面衔接横向接缝设计图

沥青路面与沥青路面衔接纵向接缝设计图如图6-4所示。

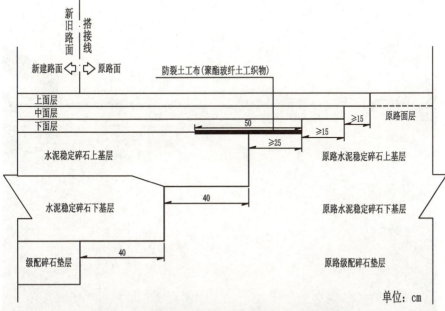

图6-4 沥青路面与沥青路面衔接纵向接缝设计图

路面纵向搭接如图6-5所示。

图6-5 路面纵向搭接

路面横向搭接如图6-6所示。

（a）

（b）

图6-6　路面横向搭接

（5）新旧路面交接处，新路面层与基层之间，应铺筑宽不小于1.5 m的路面防裂合成材料。

路面搭接铺设防裂土工织物如图6-7所示。

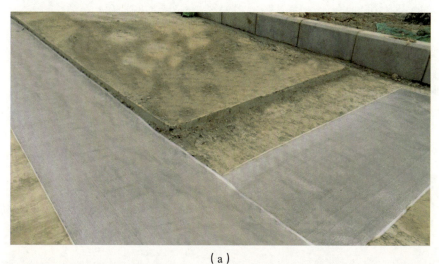

（a）

（b）

图6-7 路面搭接铺设防裂土工织物

本章重点提示 \\\\\

新旧路面搭接的重点在于搭接部位的细节处理，以及土工织物的加铺，上述工艺环节是控制新旧路面搭接质量的关键。

第 7 章 >>>

绿带回填

市政道路常设有分隔绿带和防护绿带，其回填应满足如下要求：

（1）车行道外侧的防护绿带填方，种植土以下区域按反压护道要求实施，填料以现场开挖土石方（黏土、素土、各类石方等）为主，以利于项目土方平衡，土方压实度宜不小于90%，或满足设计要求。

（2）绿带填土宜与路堤同时填筑，分层填筑压实。绿带临路填筑设计应确定边界并注意满足各分区要求，绿带临路侧分区填筑边界示意图如图7-1所示，绿带内布置有管线、绿道、驿站、挡土墙等构筑物的，应按具体设计要求执行。绿带场地平整如图7-2所示。

（3）分隔绿带应与路堤整体填筑，施工绿带时应注意设置防排水设施，使雨水就近排入雨水收集井或雨水检查井中，防止雨水进入路基内部。分隔绿带的隔排水措施是影响路基稳定的关键隐蔽工程，须验收合格后再进行上层填筑。图7-3为分隔带排水设计示意图，分隔带填筑如图7-4所示。

（4）绿带填土高程应与景观设计相协调，保证足够的种植土厚度。

（5）分隔带（防护带）缘石及路肩石应按设计要求集中预制、加工，安装坡度、高程应准确，安装应稳固、顶面平整、缝宽均匀、勾缝密实、线条直顺、曲线圆滑美观。缘石底部基础和后背填料应夯打密实。缘石一般安置在路面基层上，安装后应采取保护措施，防止在后续施工中发生变形。

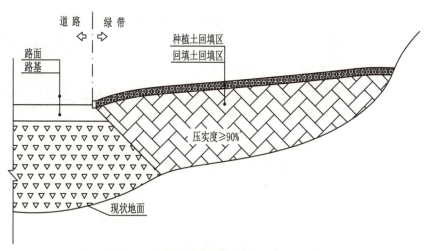

图7-1　绿带临路侧分区填筑边界示意图

图7-2　绿带场地平整

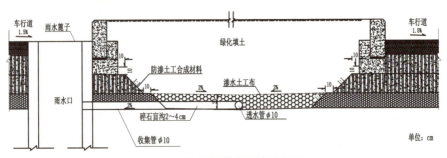

图7-3　分隔带排水设计示意图

图7-4　分隔带填筑

本章重点提示

　　绿带填筑是路基填筑的薄弱环节，尤其是分隔带交界处分区填筑压实及隔排水措施，是保障路基填筑质量的关键环节。

第 8 章 >>>

排水管道沟槽回填

管线安装及回填沟槽是路基填筑中容易被忽视的部分。市政管线位于市政道路路基工作区内，管线沟槽作业面小、压实度要求高、回填强度与路基强度有差异，且近年来因排水管道渗漏、沉陷引发道路病害的案例频发，路基填筑时应重视排水管道安装及沟槽回填。

8.1 排水管管材

《混凝土和钢筋混凝土排水管》（GB/T 11836—2023）中规定，设计文件应结合各段落管道埋深，确定管道等级、接口形式、管道基础等。

（1）钢筋混凝土排水管规格及技术指标应符合设计和规范要求。当钢筋混凝土排水管管径$D_0 \leq 1200$ mm时采用承插管，管径$D_0 > 1200$ mm时采用企口管。雨水口连接管采用平口管，同时应采用混凝土满包加强。

（2）当管顶覆土$H < 1.0$ m或管道过河时，采用Ⅱ级钢筋混凝土平口管、360°混凝土满包基础；当管顶覆土$H \leq 4.5$ m时采用Ⅱ级管，当管顶覆土为4.5 m$< H \leq 7.0$ m时采用Ⅲ级管，基础形式均采用180°砂石基础；当管顶覆土$H > 7.0$ m时采用Ⅲ级管，基础形式采用180°混凝土基础；采用混凝土基础的管道，每隔20～25 m设现浇混凝土套环柔性接口，接口做法参照国标图集《混凝土排水管道基础及接口》（06MS201-1）。

（3）抗震设防烈度为6度及高于6度地区，排水管道需考虑抗震要求，柔性接口管道采用的橡胶密封圈应满足《混凝土和钢筋混凝土排水管用橡胶密封圈》（JC/T 946—2005）的要求。

1）为提高钢筋混凝土管道的防水密封性，采用砂石基础的管道接口宜用橡胶圈接口，如图8-1所示。另外，在管道接口处增加无毒性双组分聚硫密封胶，如图8-2所示，具体做法详见《聚硫、聚氨酯密封胶给水排水工程应用技术规程》（CECS 217：2006）。

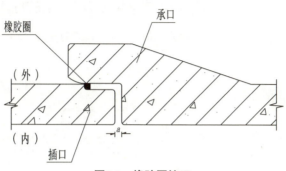

图8-1 橡胶圈接口

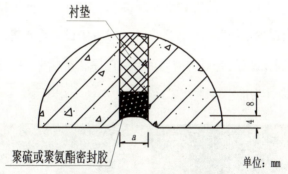

单位：mm

图8-2 聚硫、聚氨酯密封胶

2）采用混凝土基础的管道，每隔20～25 m设现浇混凝土套环柔性接口。360°混凝土满包基础一般在管道柔性接口处分缝，缝内填2 cm厚沥青木板。

8.2 沟槽开挖

排水管道（渠）沟槽开挖应按《给水排水管道工程施工及验收规范》（GB 50268—2008）中的要求执行，砂石基础管道的沟槽宽度按国标图集《混凝土排水管道基础及接口》（06MS201-1）提出对条件特殊的管段，沟槽宽度、边坡开挖、坡面防护应进行专项设计。

路基挖方段应在道路开挖至道路路基加强层底后再开挖排水沟槽。路基填方段应在道路路基回填至管顶50 cm后，再二次开挖排水管道沟槽。

8.3　沟槽回填

（1）管顶50 cm至管底的区域采用级配砂砾石回填，其最大粒径≤40 mm；道路路基加强层至管顶50 cm以上区域的管道沟槽采用满足路基填筑要求、级配较好的粗粒土、砾类土、砂类土作回填填料。排水管道沟槽回填如图8-3所示；车行道以外的绿带中设置排水管的，种植土至管顶50 cm以上区域的管道沟槽回填可采用原状素填土、黏土，具体以路基回填分区设计为准。

图8-3　排水管道沟槽回填

（2）沟槽回填压实系数应满足《给水排水管道工程施工及验收规范》（GB 50268—2008）的规定，并按《市政排水管道工程及附属设施》（06MS201-1）的总说明第5.12条执行，挖方段、填方段沟槽分区压实回填，不同路基段沟槽回填如图8-4、图8-5所示，图8-6为沟槽回填压实施工现场。管道基础采用的材质不同，沟槽分区要求也有所区别，《混凝土排水管道基础及接口》中的管道沟槽回填压实分区如图8-7所示。若因特殊因素需增加管顶压实系数时，管侧（I区）回填压实系数也应相对增加，必要时应对管道强度进行验算并采取相应加固措施。

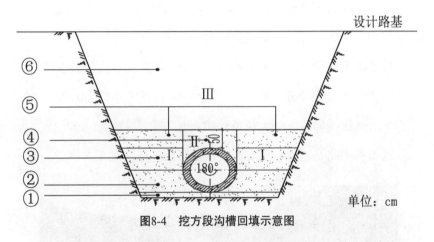

图8-4 挖方段沟槽回填示意图

图中：①区为天然级配砂石，最大粒径≤25 mm；压实系数≥0.90。

②区为天然级配砂石，最大粒径≤25 mm；压实系数≥0.95。

③区为天然级配砂石，最大粒径≤40 mm；压实系数为0.95。

④区为天然级配砂石，最大粒径≤40 mm；压实系数为0.87±0.02。

⑤区为天然级配砂石，最大粒径≤40 mm；压实系数为0.90。

⑥区填料同路基填料；压实系数按道路路基压实度要求执行。

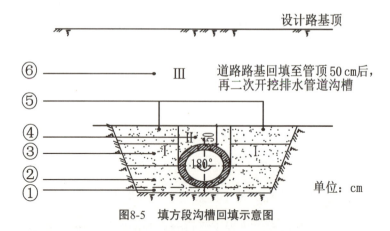

图8-5　填方段沟槽回填示意图

图中：①区为天然级配砂石，最大粒径≤25 mm；压实系数≥0.90。

②区为天然级配砂石，最大粒径≤25 mm；压实系数≥0.95。

③区为天然级配砂石，最大粒径≤40 mm；压实系数为0.95。

④区为天然级配砂石，最大粒径≤40 mm；压实系数为0.87±0.02。

⑤区天然级配砂石，最大粒径≤40 mm；压实系数为0.90。

⑥区填料同路基填料；压实系数按道路路基压实度要求执行。

图8-6　沟槽回填压实

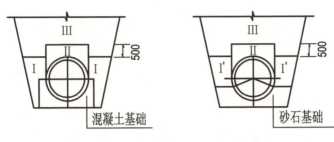

单位：mm

图8-7 沟槽回填压实分区

管顶以上50 cm范围（Ⅱ区）回填现场如图8-8所示。

图8-8 管顶50 cm范围（Ⅱ区）回填

（3）管道地基应为未扰动的原状土或经处理后回填密实的地基，柔性接口管道地基承载力特征值不小于 0.1 MPa，刚性接口管道地基承载力特征值不小于0.15 MPa。

（4）软基处理。

当管道软基深度≤3.0 m时，针对不良地基类型按如下要求处理：

1）管道基础为淤泥、鱼塘时，应予以全部清除并换填砂砾石加强；如道路路基已做换填处理，管道基础不再另行处理。

2）管道基础为杂填土时，应予以全部清除并换填砂砾石加强。

3）管道基础为泥岩层时，超挖10 cm后用中粗砂找平。

4）管道基础为软塑黏土，且其承载力建议值不满足设计承载力要求时，可采用砂砾石换填，换填深度为管底以下1 m。

当管道软基深度＞3.0 m时，结合地质情况采用其他特殊方式处理，如联合地基处理等方式。

8.4　构筑物及井周填筑

为确保路基质量，管线构筑物应按以下要求严格执行：

（1）排水检查井采用混凝土检查井，雨水口采用预制混凝土装配式雨水口；均采用铸铁井盖（座），井圈和井盖应有防盗、防坠落、防移位、防噪音和易开启装置，满足《球墨铸铁可调式防沉降检查井盖》（DB 510100/T 203—2016）中的相关要求。

（2）位于车道下的雨水口周围50 cm范围内、检查井井周100 cm范围内，应采用5%水泥稳定碎石或低标号混凝土等质量易于控制的材料加强处理，处理范围为井底至井顶。

雨、污水管道闭水试验如图8-9所示。

图8-9 雨、污水管道闭水试验

雨、污水管道及检查井施工完成后，应按《给水排水管道工程施工及验收规范》（GB 50268—2008）及《给水排水构筑物工程施工及验收规范》（GB 50141—2008）的要求进行施工验收。一般来说，污水管道要求进行100%闭水试验，膨胀土地区雨水管道应进行100%闭水试验。

排水管道允许渗水量参考表8-1。

表8-1 排水管道允许渗水量

管材	管道内径D_1（mm）	允许渗水量［m³/（24h·km）］
钢筋混凝土管	400	25.00
	500	27.95
	600	30.60
	700	33.00
	800	35.35
	900	37.50
	1000	39.52
	1100	41.45
	1200	43.30

续表

管材	管道内径D_1（mm）	允许渗水量［m³/（24h·km）］
钢筋混凝土管	1300	45.00
	1400	46.70
	1500	48.40
	1600	50.00
	1700	51.50
	1800	53.00
	1900	54.48
	2000	55.90

本章重点提示

　　管道工程隐蔽且对路基的影响具有持续性，管材质量合格、沟槽压实合格、管节接口及管节与检查井之间连接紧密无沉陷是保障路基质量的关键环节。

第 9 章 >>>

雨期施工

设计和施工应根据项目所在地气候、地质、地形条件，制定合理的设计和施工技术方案；及时关注天气预警，避免下雨时作业。

9.1 路基防排水

（1）雨期施工应合理布局路基临时防排水措施并及时引排雨水。临时排水系统应与永久排水设施衔接顺畅，具体可结合地形及片区专项规划制定临时排水方案。

（2）路堤填筑分层表面应设2%～4%的排水横坡；应密切关注施工区域及相邻区域的汇水，并及时抽排引流。

边坡防冲刷引流如图9-1所示。

图9-1　边坡防冲刷引流

（3）雨期路堑施工应分层开挖，每层均应设置纵横坡以满足排水坡率的要求，并开挖临时排水沟使坡面积水排放畅通。

（4）填筑完毕后，路堤路肩处应设置临时纵向挡水埝，如临时排水土坎，并每隔一定距离设出水口、排水槽，引排雨水至排水系统。

路基纵横坡控制（坡度2%～4%）如图9-2所示。

图9-2 路基纵横坡控制（坡度2%～4%）

临时纵向排水土坎如图9-3所示。

图9-3 临时纵向排水土坎

9.2　路基基底处理

（1）雨期前应完成路基基底处理。路基基底应整平，孔洞、坑洼填平夯实，场地纵横坡度设置满足排水要求。如雨期开挖后未能及时施工，应对路基采取防浸泡措施，避免因降水导致路基承载力下降。雨后重新施工前，必要时应重新检测地基承载力。

（2）低洼地段，应在雨期前完成原地面处理，填筑作业面的完成标高应控制在可能的最高积水位0.5 m以上[6]。

9.3　填方路基施工

（1）填料应选用碎石土、卵石土、石方碎渣等透水性好的材料，利用挖方土作填料时，含水率须符合设计和规范要求，并做到随挖、随填、随压实。含水率过大、晾晒困难的土，不得在雨期时作为填料[6]。

（2）路堤应分层填筑，随填随碾压。填筑层表面应形成坡度为2%～4%的双向路拱横坡，以便雨水及时排出。低洼地带或高出设计洪水位0.5 m以下的部位应选用透水性好、饱水强度高的填料。

（3）护坡、坡脚等防护工程及引排水工程应与填方路堤同步施工。

（4）雨期填筑路堤取土坑位置的选择应确保路基安全，避免产生路基失稳。

9.4　挖方路基施工

（1）挖方边坡不宜一次挖到设计坡面，应预留一定厚度的覆盖层，待雨期过后再修整开挖覆盖层，完成坡面修整。

（2）雨期开挖路堑，建议路床顶面标高以上保留300～500 mm覆盖层，待雨期过后再完成覆盖层开挖。

（3）雨期施工，应特别注意挖方路基的临时排水措施，设置具有足够排水能力的临时排水沟，并选择好排水出路。

本章重点提示

雨期路基填筑质量控制难度较大，及时关注天气预警、合理安排工序及复测指标合格是保障路基填筑质量的关键环节。

参考文献

［1］宋杨，魏连雨，冯雷.基于车辆动荷载条件下的半刚性路面路基工作区深度研究
　　［J］.中外公路，2015（6）：47-52.

［2］童申家，蔡佳佳，辛强，等.考虑铺面结构下的路基工作区深度研究［J］.公
　　路，2012（10）：24-27.

［3］秦健.路基工作区深度及其影响因素研究［J］.城市道桥与防洪，2013（10）：
　　104-110.

［4］张艳美，梁波.几何不平顺条件下高速公路路基的动态响应［J］.兰州铁道学院
　　学报，2001（4）：66-69.

［5］中华人民共和国住房和城乡建设部.城市道路路基设计规范：CJJ 194—2013
　　［S］.北京：中国建筑工业出版社，2013.

［6］中交第三公路工程局有限公司，于跟社.公路路基施工技术规范：JTG/T 3610—
　　2019［S］.北京：人民交通出版社股份有限公司，2019.

［7］王鹏，郭成超，王海涛.增大击实功的路基压实试验研究［J］.公路交通科技，
　　2007，24（2）：1-4.

［8］王德军.新旧路基结合部位施工技术探讨［J］.建筑工程技术与设计，2017
　　（28）：196.

［9］庞赞龙.城市道路旧沥青路面加铺设计探讨［J］.城市道桥与防洪，2020
　　（5）：50-53.

［10］郑素勇.浅谈多雨地区沥青混凝土路面施工的质量控制［J］.建筑工程技术与设
　　计，2018（34）：2005.

［11］王鑫，李丽.市政道路沥青路面平整度的施工技术［J］.黑龙江科技信息，
　　2014（16）：215.

［12］刘毓杰，鞠华.寒带黑色处治路面施工的探讨［J］.林业科技情报，2004
　　（3）：73-74.